Christian BAYA DIAKILEKE

Curso de Inteligência Artificial e Sistemas Periciais

ScienciaScripts

Imprint

Cover image: www.ingimage.com

This book is a translation from the original published under ISBN 978-620-6-72047-8.

Publisher:
Sciencia Scripts
is a trademark of
Dodo Books Indian Ocean Ltd. and OmniScriptum S.R.L publishing group

120 High Road, East Finchley, London, N2 9ED, United Kingdom
Str. Armeneasca 28/1, office 1, Chisinau MD-2012, Republic of Moldova, Europe
Managing Directors: Ieva Konstantinova, Victoria Ursu
info@omniscriptum.com

Printed at: see last page
ISBN: 978-620-8-53179-9

Christian BAYA DIAKILEKE

Curso de Inteligência Artificial e Sistemas Periciais

OBJECTIVOS GERAIS

No final deste curso, os alunos do **Terceiro Grau (L3 LMD) em Gestão de TI** devem ser capazes de

✓ **Análise de textos**: falada ou escrita, a inteligência artificial está a tornar-se cada vez mais apta a compreender e a utilizar a linguagem para responder automaticamente a uma variedade de pedidos. Atualmente, é utilizada, por exemplo, para gerir as relações com os clientes, na Internet ou por telefone. Os agentes de conversação ou *chatbots* são sistemas inteligentes que podem manter uma conversa em linguagem natural. Baseiam-se em diferentes componentes tecnológicos: reconhecimento de texto, reconhecimento de voz, reconhecimento de expressões faciais, etc.

✓ **Modelar o conhecimento para ajudar a tomar decisões**: a inteligência artificial permite codificar um conjunto de conhecimentos, reproduzir o raciocínio padrão e utilizar esta informação para tomar decisões. Por exemplo, é agora possível utilizar dados múltiplos e complexos para ajudar os médicos a propor tratamentos personalizados para o cancro da próstata.

✓ **Gerar conhecimento através da aprendizagem *automática***: graças à inteligência artificial, a máquina torna-se capaz de detetar tendências ou correlações num volume muito grande de dados, adaptando as suas análises e comportamentos e criando assim o seu próprio conhecimento com base na experiência acumulada. Isto permite oferecer previsões muito precisas do consumo de energia e das mudanças de comportamento de uma máquina ou de um edifício. As regras de previsão que são derivadas são simplesmente o resultado do que já aconteceu; não são leis gerais.

✓ **Analisar imagens ou cenas em tempo real**: reconhecer defeitos de fabrico ou detetar rostos. Por exemplo, algumas fábricas têm robôs que detectam problemas técnicos e falhas em tempo real e corrigem ou param a produção. Para analisar simultaneamente grandes quantidades de dados visuais, os investigadores estão a desenvolver software baseado em redes neuronais profundas, que permitem aos computadores adquirir capacidades de aprendizagem *profunda*.

✓ **Realizar acções**: por exemplo, a inteligência artificial pode imitar e reproduzir na perfeição certos gestos humanos, como administrar uma vacina com uma mão robótica.

ÍNDICE

INTRODUÇÃO GERAL

Hoje em dia, com uma simples frase, podemos saber o estado do tempo, programar um alarme, ser avisados de compromissos, com os itinerários para lá chegar e resultados cada vez mais precisos ao longo do tempo... Esta é a face emergente IA no nosso quotidiano. Mas para além destas utilizações práticas, mas algo anedóticas, a inteligência artificial abrange um vasto campo com aplicações que existentes ou potenciais são virtualmente infinitas.

Tradução, reconhecimento de imagem, reconhecimento facial, assistentes de voz, chatbots, veículos autónomos, agricultura, banca, otimização da prospeção de vendas, manutenção preditiva, assistência ao diagnóstico médico, gestão de instalações e edifícios inteligentes, melhoria dos processos de recrutamento, redução do consumo de energia... A inteligência artificial é uma ciência que está a revolucionar todos os sectores e todas as áreas.

Para melhor compreender este curso, os conceitos seguintes são praticamente indispensáveis para navegar no complexo mundo das máquinas inteligentes:

1. Algoritmo

Um conjunto de instruções dadas a uma máquina ou programa de computador para resolver metodicamente um problema. O algoritmo executa processos repetitivos, divididos em etapas ou tarefas. Um algoritmo adaptativo é capaz de modificar as suas respostas ou os dados que processa de acordo com as alterações no seu ambiente.

2. Garrafa

Software que executa automaticamente uma tarefa específica. Deve ser distinguido de um robô, que assume um invólucro "físico", com restrições mecânicas e que, no imaginário coletivo, tem uma forma humanoide.

3. Chatbot cobot

Um chatbot é um bot de conversação, ou seja, um software capaz de compreender as questões colocadas por um utilizador e dar respostas em linguagem natural, escrita ou falada. Um cobot é um bot colaborativo, e por vezes um robô, que ajuda um colega humano numa tarefa específica.

4. Aprendizagem profunda

Ramo da aprendizagem automática baseado em redes neuronais artificiais. A aprendizagem profunda utiliza o cálculo de probabilidades para analisar e categorizar a partir de grandes massas de dados. Esta abordagem é conhecida como

Trata-se de uma abordagem "conexionista", por oposição à abordagem "simbólica" dos sistemas periciais (ver adiante). A aprendizagem profunda está por detrás dos progressos notáveis realizados pela IA nos últimos anos no reconhecimento da fala e da imagem. Por outro lado, a utilização de probabilidades na análise de dados não fornece uma "explicação" a 100% das escolhas efectuadas pela máquina.

5. IA baixa/ IA alta

A IA fraca refere-se a uma máquina capaz de resolver problemas num domínio específico, como o xadrez ou a culinária, com exclusão de outros. A IA forte, também conhecida como IA de "objetivo geral", é capaz de se adaptar a qualquer ambiente, levando à ideia de "consciência" artificial, ou mesmo de intencionalidade na escolha de opções. Isto é ficção científica para a maioria dos especialistas... mas não para todos!

6. Aprendizagem automática

Disciplina da informática que reúne técnicas de aprendizagem automática baseadas em vários tipos de dados (texto, imagens, sons, etc.). Através de métodos matemáticos e estatísticos, a máquina correlaciona os dados fornecidos para poder estabelecer regras de classificação, perceção e previsão. Por exemplo, para distinguir um sinal de trânsito e um peão.

7. Investigação operacional

Esta disciplina da matemática explora a forma de determinar a melhor decisão quando confrontada com um problema complexo. Por exemplo, escolher o itinerário mais curto entre dois pontos, com restrições orçamentais e congestionamento de deslocações. A IA gosta deste tipo de métodos e modelos matemáticos.

8. Rede neural

Sucessão de micro-cálculos matemáticos ou estatísticos que se "alimentamuns aos outros, como uma rede de neurónios biológicos no cérebro humano. Quando recebem uma base suficiente de exemplos e são "treinadas" por algoritmo de aprendizagem, estas redes neuronais são capazes de comparar e reconciliar um novo caso com outro na sua base de dados. Por exemplo, para reconhecer um cão numa bola de pelo com pernas.

9. Sistema pericial (ou sistema baseado em regras)

Este software dá recomendações baseadas em regras fornecidas por peritos humanos: procedimentos comerciais, regulamentos, normas, etc. Esta IA é designada por simbólica, porque funciona de acordo com princípios e raciocínios formais. Pode, por exemplo, calcular prémios de seguros ou assinalar uma anomalia num horário de um comboio ou avião.

CAPÍTULO I. INFORMAÇÕES GERAIS SOBRE OS CONCEITOS FUNDAMENTAIS

I.1. Definições

O que significa o termo "inteligência artificial"? Existem definições na literatura científica e em dicionários especializados e não especializados. Em que é que um programa de IA se distingue dos outros? Vamos tentar responder a estas duas questões. Comecemos por ver as definições dadas pelos dicionários. *O* dicionário *Petit Robert* dá-nos uma delas:

"I.A., parte da informática cujo objetivo é simular as faculdades cognitivas para completar o ser humano na realização de funções que, num dado contexto, requerem inteligência.

Desta forma, o sistema não produz uma ação inteligente, mas apenas a simula. Se a máquina conseguir efetuar uma operação que requer inteligência humana, pode ser considerada inteligente.

O dicionário enciclopédico de Bernard LAMIZET e Amhed SILEM prossegue a comparação, acrescentando a noção concorrência entre o homem e a máquina. Estes autores consideram a inteligência artificial como o futuro da informática.

"Disciplina que tem por objetivo o estudo e a conceção de sistemas cujo comportamento é semelhante ao que designamos por inteligência humana. Dada a ambição deste domínio e o número de áreas em que se dividiu ao longo dos anos, é uma componente importante da informática. Além disso, é sem dúvida o domínio com perspectivas mais vastas, uma vez que é um concorrente da mente humana, cujos segredos insondáveis ainda estamos longe de desvendar.

Raoul Smith introduz a noção de aprendizagem a partir do ambiente e da experiência e apresenta o conceito de representação simbólica do conhecimento.

Isto permite efetuar inferências, ou seja, raciocinar com base no conhecimento formalizado produzido. Além disso, põe em evidência o problema espinhoso da compreensão da linguagem natural ou humana, um dos desafios da inteligência artificial no futuro. É fácil constatar que o termo abrange um vasto domínio de investigação.

Artigos populares e livros também fornecem definições. Jean-François DORTIER introduz os conceitos de análise, resolução de problemas, tomada de decisões, aprendizagem e perceção. A inteligência artificial desenvolveu estas técnicas ao longo dos últimos cinquenta anos.

"O campo da ciência da computação que se concentra na construção de programas inteligentes, ou seja, capazes de analisar um ambiente, resolver problemas, tomar decisões, aprender e perceber.

Alain BONNET destaca dois objectivos da IA: compreender a natureza da inteligência (um objetivo partilhado pelas ciências cognitivas) e simular a inteligência:

"A inteligência artificial é uma disciplina que tem como objetivo compreender a natureza da inteligência através da construção de programas de computador que imitam a inteligência humana."

"A inteligência artificial diz respeito aos processos cognitivos utilizados pelos seres humanos para realizar tarefas inteligentes.

Isto não significa, porém, que o computador produza efetivamente uma condução inteligente. É a observação do comportamento humano que exige um certo grau de inteligência que permite a modelação e a execução na máquina.

Jacques FERBER, professor de informática e especialista em inteligência artificial distribuída, sublinha a comparação entre o desempenho da inteligência humana e o da máquina. Não se trata de uma forma geral de inteligência, mas de uma forma multifatorial.

"O termo "inteligência artificial" tem sido utilizado para designar um projeto de investigação que consiste em conceber uma máquina inteligente, ou seja, capaz de desempenhar tão bem como um ser humano tarefas consideradas complexas."

O método da IA consiste em elucidar certas actividades cerebrais e reproduzi-las num computador. A compreensão, a comunicação, a resolução de problemas, a elaboração de estratégias e a tomada de decisões fazem parte deste conjunto de actividades. A inteligência artificial estudo destes comportamentos no ser humano e propõe um modelo informático. Acompanha o desenvolvimento das ciências cognitivas.

Em que é que a inteligência artificial difere da programação tradicional? O seu objetivo é compreender a natureza da inteligência e construir programas que simulem os comportamentos associados a esta qualidade.

À partida, o informático procura resolver um problema. O programa deve, portanto, utilizar um conjunto de mecanismos para encontrar um método suscetível de fornecer uma solução. A inteligência artificial é, portanto, essencialmente diferente da programação tradicional. Na programação clássica, é o ser humano que constrói o raciocínio a aplicar e o programa é executado até se obterem os resultados previsíveis. Por outras palavras, a programação é determinística. Numa aplicação de IA, por outro lado, "*é o programa que escolhe o caminho a seguir*". Não é determinado de antemão.

O método de investigação em inteligência artificial consiste, portanto, em partir de uma atividade humana considerada inteligente (ou de uma tarefa inteligente), formular hipóteses sobre os processos envolvidos na realização da tarefa em questão, integrá-las num programa, observar o comportamento e os resultados produzidos pelo programa, aperfeiçoar a teoria inicial e modificar o programa.

Em primeiro lugar, a principal caraterística de um programa é a utilização de uma representação simbólica do aspeto do mundo em causa. A inteligência artificial utiliza linguagens de programação de alto nível ou linguagens declarativas, que nos permitem manipular símbolos que estruturam o nosso conhecimento. Esta representação estabelece uma relação entre o mundo real do problema a tratar e o sistema simbólico utilizado para o resolver, que não é necessariamente numérico.

A inteligência artificial separa os conhecimentos a tratar pelo programa e os modos de raciocínio ou de inferência (dedutivos ou indutivos) susceptíveis de manipular esses conhecimentos e de fornecer uma solução para o problema colocado. Em segundo lugar, a utilização de heurísticas é outra caraterística fundamental.

Estas podem ser definidas como "*um método informal sem garantia de sucesso*". "*Uma abordagem heurística consiste em, perante um problema, tentar um caminho, mantendo em aberto a possibilidade de tentar outros se aquele que parecia prometedor não conduzir rapidamente a uma solução.*

O programa enfrenta um certo número de dificuldades. Deve ser capaz de fornecer uma solução para o problema colocado, apesar ausência de todos os dados relativos ao problema. Deve igualmente ser capaz de fazer face a dados contraditórios ou contraditórios. Deve ser capaz de aprender.

Alain BONNET define a aprendizagem em informática como "*a capacidade de melhorar o desempenho tendo em conta os erros do passado*". Este processo implica a capacidade de generalizar, de descobrir analogias, de escolher omissões, ou seja, de esquecer pormenores desnecessários.

As principais caraterísticas apresentadas acima mostram a diferença entre a programação tradicional, que é processual e determinística, e os métodos utilizados na inteligência artificial. Mas para que é que a IA é utilizada? Vejamos as áreas de aplicação da investigação em inteligência artificial.

I.2. Domínio da IA

O domínio da inteligência artificial tenta compreender a forma como os seres humanos pensam e esforça-se por construir entidades inteligentes.

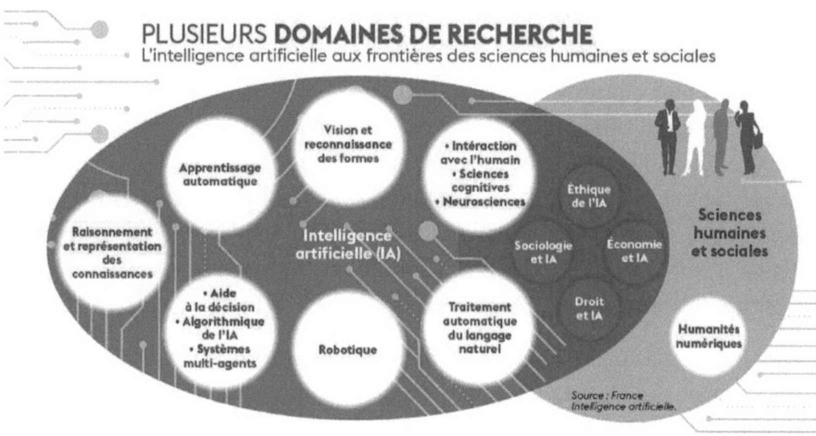

A investigação em IA abrange um grande número de domínios. Podemos enumerar os seguintes domínios:

- **Representação do conhecimento**: se queremos que o software seja capaz de manipular o conhecimento, precisamos de saber como o representar simbolicamente. Este é um dos domínios de investigação mais importantes da inteligência artificial.

- **Processamento de linguagem natural**: quer se trate de traduzir um texto para outra língua ou de o resumir, o problema crucial a resolver é o da sua compreensão. Pode dizer-se que um software compreende um texto quando é capaz de o representar de uma forma independente da língua em que escrito: trata-se de uma tarefa muito difícil, mas já foram feitos progressos significativos.

- **Resolução de problemas**. Os jogos ilustram bem este domínio: o campeão mundial de gamão é, desde há alguns anos, um programa e, provavelmente, o mesmo acontecerá com o xadrez num futuro próximo. O jogo Go é muito mais resistente aos esforços dos programadores de jogos.

- **da fala**: os progressos têm sido muito mais lentos do que o previsto, mas constantes. Ainda estamos longe de conseguir produzir software capaz de reconhecer as palavras de qualquer locutor, essencialmente porque a compreensão de uma palavra ou de uma frase requer grande quantidade de informação extra-linguística, como o contexto e o conhecimento do mundo em que vivemos.

- **Reconhecimento da** caligrafia: mesmo o reconhecimento da caligrafia dactilografada não é um problema fácil, embora existam no mercado alguns pacotes de software muito potentes. A escrita à mão coloca problemas mais difíceis de resolver, na medida em que esta tarefa pode colocar problemas insolúveis também para nós.

- **Reconhecimento facial**: há muito considerado um dos problemas mais difíceis da inteligência artificial, as redes neuronais têm produzido alguns resultados interessantes.

- **Robótica**

Robôs de investigação: o robô COG, concebido por Rodney Brooks no MIT em 1991, é capaz de ver, ouvir e pensar e, em particular, de se ver a si próprio num espelho, identificando-se com a sua imagem. O COG reage às suas imagens como uma criança. É o robô mais avançado da sua geração.

Robôs de exposição. Em 2000, a Honda apresentou o Asimo (Advanced Step in Innovative Mobility), um robô de exposição que representa o culminar de 14 anos de investigação. Foi concebido sob a direção do engenheiro Masato Hirose. Este pequeno androide mede 1,20 m e pesa 53 kg. Move-se a 16km/h, mas é capaz de correr a um ritmo moderado (12km/h), saltar, dançar e subir e descer escadas. Durante uma atuação pública, Asimo falha um passo e fica alerta, mostra sinais de inteligência e depois cai e não consegue recuperar, revelando toda a impotência do homem para lhe dar vida e reflexos fundamentais. Ao mesmo tempo fascinante e patética, a sua queda escadas revelou o quanto ainda falta para criar um androide totalmente autónomo.

- **Aprendizagem**: Desde muito cedo se percebeu que o software deveria ter capacidades de aprendizagem autónoma para poder ser considerado verdadeiramente inteligente.

- **Assistência ao diagnóstico médico**: O software de assistência ao diagnóstico foi concebido para fornecer aos profissionais do sector médico ferramentas de diagnóstico inovadoras e fáceis de utilizar. Baseiam-se principalmente nos registos médicos dos pacientes e são publicados por especialidade médica.

- **Sistemas periciais**: um sistema pericial é um software capaz de simular o comportamento de um perito humano que executa uma tarefa específica. O sucesso da inteligência artificial neste domínio é inegável, devido ao carácter objetivo da atividade que lhe é pedida para simular. Os sistemas periciais também desempenharam um papel importante no desenvolvimento da inteligência artificial. De facto, este ramo tem tido um certo sucesso desde os anos 1980.

O terceiro capítulo deste curso abordará o Sistema Pericial, tendo em conta o trabalho prático planeado.

O objetivo destes sistemas é modelar os conhecimentos humanos num domínio específico. São compostos por dois módulos, incluindo uma base de conhecimentos e um motor de inferência. Segundo FERBER, *"programas informáticos capazes de substituir o ser humano em tarefas consideradas mais complexas e que exigem experiência, saber-fazer e uma certa forma de raciocínio"*.

I.3. Aplicações práticas da IA

As técnicas e os métodos da inteligência artificial são utilizados numa grande variedade de domínios. Eis apenas algumas aplicações práticas: sistemas especializados em medicina, banca e finanças; sistemas de gestão e de controlo de redes informáticas; sistemas de reserva de bilhetes; sistemas utilizados na gestão dos transportes aéreos; sistemas *de exploração de dados* e *de armazenamento de dados*; agentes de software, motores de busca, software Internet (para compras em linha). Os sistemas de defesa também foram rápidos a incorporar a tecnologia de IA. De facto, os orçamentos militares financiaram muitas vezes a investigação no domínio da IA.

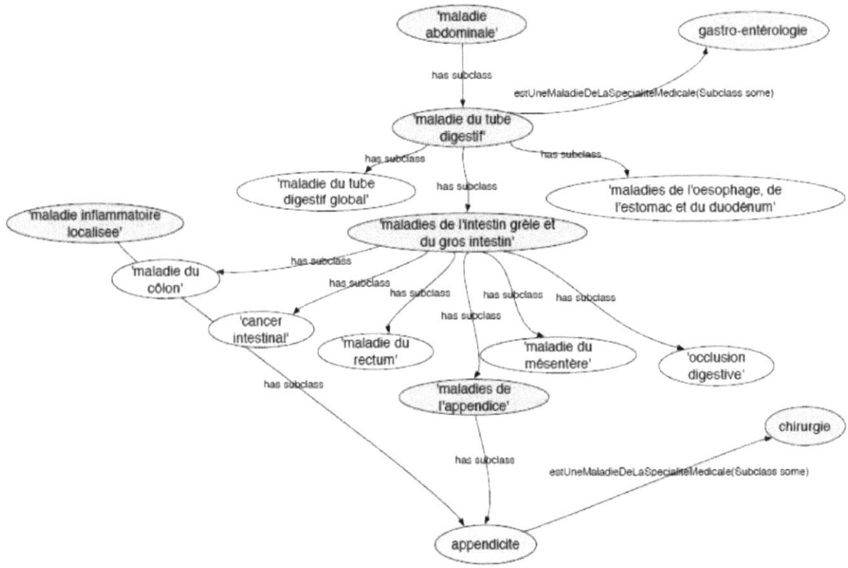

Esta disciplina conduziu ao desenvolvimento de métodos e algoritmos capazes facilitar as operações necessárias manutenção de redes e à investigação documental, entre muitas outras actividades.

CAPÍTULO II. SISTEMAS MULTIAGENTES (MAS) E SUAS INTERACÇÕES

II.1. Definições

Em **informática,** um sistema multiagente (MAS) é um sistema constituído por um conjunto de agentes (um processo, um robô, um ser humano, uma formiga, etc.), activos num determinado ambiente e que interagem de acordo com determinadas regras. Um agente é uma entidade caracterizada pelo facto ser, pelo menos parcialmente, autónoma, o que exclui o controlo centralizado do sistema global.

Os sistemas multiagentes são o foco da investigação em inteligência artificial distribuída. constituem a possibilidade de_ modelação das sociedades humanas e animais e, como tal, têm uma vasta gama de aplicações, incluindo as ciências humanas.

II.2. Origem e aspectos técnicos

II.2.1. Origem

Uma das grandes fontes de inspiração para os sistemas multiagentes foi o estudo do comportamento social de certas famílias de insectos. Neste domínio, é útil consultar os artigos que detalham a Inteligência Colectiva e a Inteligência Distribuída.

As ADM podem ser vistas como a reunião de vários domínios:

- ✓ Inteligência artificial para os aspectos decisórios agente
- ✓ Inteligência artificial distribuída execução distribuída
- ✓ Sistemas distribuídos para interação
- ✓ Software abordagem de *agentes* e evolução para componentes de software cada vez mais autónomos
- ✓ Objectos comunicantes

Um exemplo para o ajudar a compreender: a metáfora do videojogo

Uma ADM pode ser representada por uma das comunidades virtuais que são cada vez mais comuns nos jogos de vídeo actuais. Tomemos o exemplo de um jogo que simula a vida de uma família. A ADM divide-se em várias dimensões. Em primeiro lugar, um ambiente com uma métrica.

Podemos pensar nela como a casa e o jardim onde vive a nossa pequena família.

Depois, o ADM pode ter um conjunto de objectos passivos que os nossos agentes podem utilizar. Estes incluem todos os objectos da casa, bem como a comida.

Uma ADM é constituída por agentes. Estes agentes são activos e autónomos e interagem com o seu meio envolvente (ambiente, objectos e outros agentes). Estes agentes são identificados como membros da família. Acrescentamos depois um conjunto de relações entre objectos e agentes, o que define uma organização. Podemos, por exemplo, expressar os laços familiares entre os diferentes indivíduos, mas também lidar com noções de propriedades (que objeto pertence a quem?).

Por fim, integramos um conjunto de operadores que permitem aos agentes agir sobre os objectos ou sobre os outros agentes (o filho pode comer um iogurte, passear o cão ou falar com a irmã), e de sensores que permitem aos agentes conhecer as mudanças no ambiente e nos outros agentes (o iogurte caiu no chão, o pai pediu-me para levar o cão à rua). Isto é, então, o que podemos chamar de ADM. Em informática, um agente é um programa autónomo que possui um conjunto de conhecimentos e age de acordo com as suas próprias regras.

Os cinco desafios das ADM

Há cinco questões principais na criação de sistemas multiagentes:

Em primeiro lugar, o problema da **ação**: como pode um conjunto de agentes agir simultaneamente num ambiente partilhado e como é que esse ambiente com os agentes? As questões subjacentes incluem a representação do ambiente pelos agentes, a colaboração entre agentes e o planeamento multiagente.

modelo cognitivo Depois, há a questão do **agente e da sua relação com o mundo**, que é representada pelo de que dispõe. O indivíduo de uma sociedade multiagente deve ser capaz de realizar as acções que melhor respondam aos seus objectivos. Esta capacidade de decisão está ligada a um "estado mental" que reflecte as percepções, as representações, as crenças e um certo número de parâmetros "psíquicos" do agente (desejos, tendências, etc.). A questão do indivíduo e da sua relação com o mundo abrange também a noção de compromisso do agente com um terceiro agente.

Os sistemas multiagentes implicam igualmente **o estudo da natureza das interações**, enquanto fonte de possibilidades, por um lado, e de restrições, por outro. O problema da interação diz respeito aos meios de interação (que linguagem? que meio?), à análise e à conceção das formas de interação entre agentes. As noções de colaboração e de cooperação (entendendo-se por cooperação a colaboração + coordenação de acções + resolução de conflitos) são aqui centrais.

Podemos então analisar a questão **da adaptação** em termos de adaptação individual ou aprendizagempor um lado, e de adaptação colectiva ou evolução, por outro.

Por fim, resta a questão **da realização e implementação efectiva dos ADM**, estruturando as linguagens de programação em vários tipos que vão desde a linguagem de tipo L5, ou linguagem de formalização e especificação, até à linguagem de tipo L1, que é a linguagem de implementação efectiva. Entre as duas, encontramos a linguagem de comunicação entre agentes, de descrição das leis do ambiente e de representação do conhecimento.

II.2.2. Arquitetura de sistemas multi-agentes

Tendo em conta as cinco questões anteriores, podemos descrever alguns elementos da arquitetura de um sistema multiagente.

Os agentes têm de estar equipados com múltiplos sistemas de decisão e planeamento. As teorias da decisão são um domínio de estudo por direito próprio. [1]Na categoria das interações com ambiente, outro problema recorrente nos sistemas de agentes é o da procura de caminhos (com o seu algoritmo mais conhecido, o algoritmo A*).

---

[1] **Em informática, mais especificamente em inteligência artificial, o algoritmo de pesquisa A* (pronuncia-se A *star*) é um algoritmo para encontrar um caminho num grafo entre um nó inicial e um nó final, ambos dados. Devido à sua simplicidade, é frequentemente apresentado como um exemplo típico de um algoritmo de planeamento, um domínio da inteligência artificial. O algoritmo A* foi criado para que a primeira solução encontrada fosse uma das melhores, razão pela qual é famoso em aplicações como os jogos de vídeo, onde a rapidez de cálculo é mais importante do que a precisão dos resultados. Este algoritmo foi proposto pela primeira vez por Peter E. Hart, Nils John Nilsson e Bertram Raphael em 1968.**

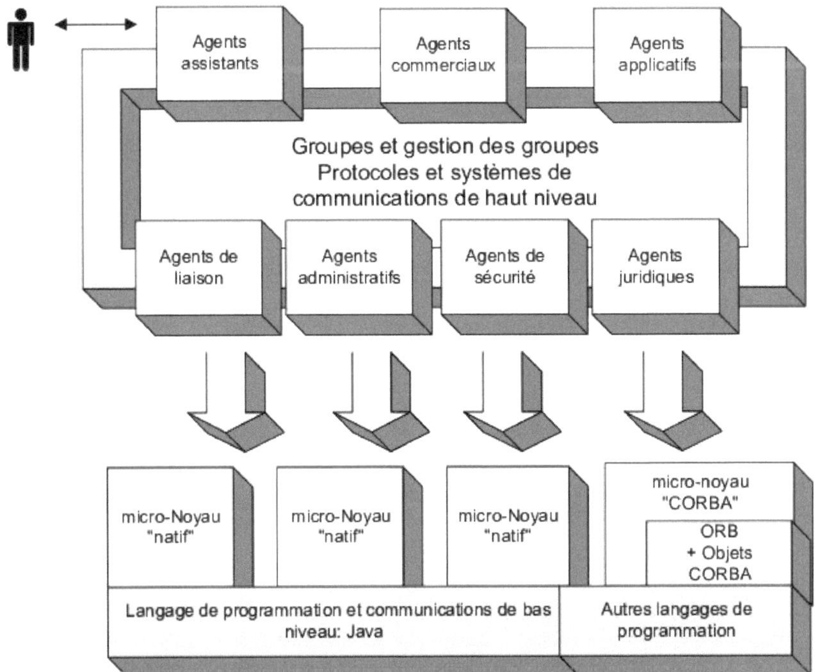

A arquitetura de um sistema multiagente que funciona em rede.

Trajetória : A procura de caminho, vulgarmente conhecida por ***pathfinding***, é um de inteligência problema artificial que está mais geralmente relacionado com o domínio do planeamento e da procura de soluções. Trata-se de encontrar uma forma de se deslocar num ambiente entre um ponto de partida e um ponto de chegada, tendo em conta várias restrições.

Os agentes devem ter um modelo cognitivo: Também aqui existem vários modelos, sendo um dos mais clássicos o modelo BDI (*Beliefs-Desires-Intentions*). Este considera o conjunto de crenças (*Beliefs*) do agente sobre o seu ambiente, que são o resultado dos seus conhecimentos e percepções, e um conjunto de objectivos (*Desires*). Ao cruzar estes dois conjuntos, obtém-se um novo conjunto de intenções (*Intenções*) que podem ser traduzidas diretamente em acções.

Os agentes devem estar equipados com um sistema de comunicação. Para o efeito, foram desenvolvidas várias linguagens especializadas: a *Knowledge Query and Manipulation Language* (KQML) e, mais recentemente, a norma FIPA-ACL (ACL for *Agent Communication Language*) criada pela *Foundation for Intelligent Physical Agents* FIPA. Esta última norma baseia-se, nomeadamente, na teoria dos actos de fala de John Searle.

A questão da adaptação é espinhosa e objeto de muitas investigações . Podemos, no entanto, citar o exemplo certos vírus, tanto biológicos como informáticos, que são capazes de se adaptar ao seu ambiente através de mutações.

Finalmente, a implementação efectiva do sistema multiagente, embora não faça propriamente parte da arquitetura do sistema, merece ser mencionada através do exemplo das muitas linguagens de programação que foram desenvolvidas para fins de investigação em inteligência artificial. Estas incluem o **Prolog** e o **LISP**.

Estes elementos arquitectónicos aplicam-se mais a um sistema constituído por agentes cognitivos.

II.3. Classificação dos agentes inteligentes

Existem várias formas de classificar os agentes. Podem ser agrupados de acordo com o seu ambiente, a dicotomia PUSH/PULL ou CLIENTE/SERVIÇO, ou de acordo com as suas tarefas. Estas são definidas pelos seus projectistas.

O ambiente refere-se à plataforma em que os agentes são instalados. Existem três classes principais de agentes inteligentes: agentes de PC, agentes de Internet e agentes de intranet. *Os agentes de secretária* estão integrados no sistema operativo do computador (Windows, Mac OS, etc.). São conhecidos como assistentes. A sua função é ajudar o utilizador a realizar uma tarefa automatizada, como a instalação de um novo software ou de um novo periférico *plug-and-play*.

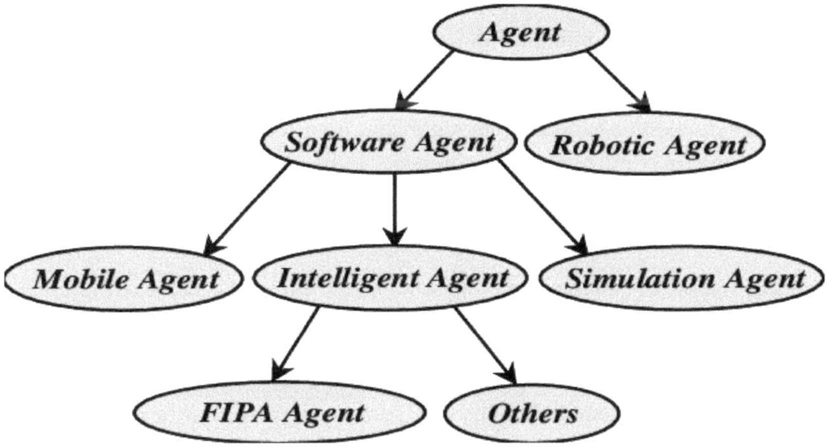

Os agentes *da Intranet* recuperam recursos dos servidores da empresa. Os agentes Internet ajudam os utilizadores a procurar documentos na Internet. Os motores e meta-engines estão incluídos nesta categoria.

Uma segunda distinção é entre agentes PULL e PUSH. O verbo inglês *pull* significa puxar para si próprio, enquanto a palavra *push* significa enviar para outra pessoa. O utilizador inicia o pedido configurando um agente com base em palavras-chave ou expressões mais complexas. Delega a tarefa a um agente PULL, como um motor ou meta-motor. No entanto, o utilizador interage com o programa, transformando a consulta em função dos resultados obtidos.

Com a tecnologia PUSH, por outro lado, o utilizador é passivo. Os programas informáticos do tipo PUSH permitem aceder a canais temáticos ou noticiosos, como os canais de televisão ou de jornais. As informações são enviadas regularmente aos subscritores em função do seu perfil ou dos seus centros de interesse, previamente definidos ou aprendidos graças à vigilância do programa informático. PointCast, Marimba e BlackWeb são exemplos de software PUSH. O motor Google (*alertas de notícias*) e certos metamotores como o Copernic integraram este tipo de atividade.

Os agentes de entrega selectiva fazem parte da tecnologia PUSH. O seu objetivo é encontrar as informações susceptíveis de interessar o utilizador sem que este as tenha solicitado. O sistema funciona da seguinte forma. O utilizador assina um contrato com um fornecedor de informação que lhe envia uma seleção de documentos em função dos seus gostos e interesses. Um agente inteligente seleciona automaticamente os documentos e estabelece uma ligação entre o agente instalado no computador do utilizador e o do servidor do fornecedor. Jornais americanos como o *The New York Times* oferecem este tipo de serviço.

Os agentes de alerta e vigilância monitorizam uma fonte de informação ou um tema para avisar o utilizador de acordo com um pedido predefinido. Enviam mensagens de correio eletrónico quando o conteúdo é alterado. Este tipo de agente inclui o Url-Minder e o Net Mind High lighter.

A última classificação descreve as utilizações previstas pelos editores de software: as tarefas executadas agente. Vejamos estes diferentes tipos programas, tendo em conta que esta lista não é exaustiva.

Um agente de filtragem foi concebido para examinar o correio recebido e destruir mensagens de correio eletrónico não desejadas, eliminar informações irrelevantes de um pedido e procurar e preparar informações de várias fontes. (Alguns exemplos: News Hound, ZDNet personal View ou NewsPage Diret).

Um agente *de recuperação* descarrega um sítio inteiro para o disco rígido, facilitando a análise do seu conteúdo offline. *Os notificadores* offline avisam os utilizadores quando um sítio é alterado, quando chegam informações importantes ou quando ocorre um evento importante.

Os agentes *de pesquisa* identificam a informação relevante na Internet em relação a um conjunto de motores de pesquisa e de acordo com as preferências do utilizador. Podem incorporar um módulo de aprendizagem. O que chamamos aqui de agente é o objeto de um conjunto de funções introduzidas em pacotes de software de agentes inteligentes do tipo metamotor.

Encontrámos também *agentes de entrega* off-line que, como o seu nome indica, enviam informações personalizadas aos utilizadores no seu disco rígido. A ligação não é estabelecida enquanto os documentos recebidos estão a ser lidos ou consultados, o que costumava reduzir o consumo de largura de banda.

A tecnologia PUSH surgiu como uma solução para os problemas colocados pelo crescimento exponencial de documentos na Web. É extremamente difícil e dispendioso (em termos de tempo) encontrar a informação que se procura utilizando apenas a tecnologia PULL. O PUSH, por outro lado, permite que os utilizadores da Internet recebam documentos preparados para serem descarregados:

"A solução foi concebida pela PointCast. Trata-se de reunir as informações que os utilizadores procuram, misturá-las com publicidade e anúncios e enviá-las enquanto dormem... Com o push, é a informação que encontra o utilizador. Com o push, é a informação que encontra o utilizador".

No entanto, o PUSH tem os seus inconvenientes: a quantidade de informação enviada e armazenada no disco rígido pode ser considerável e tornar-se rapidamente difícil de gerir, razão pela qual são necessários motores de pesquisa internos de elevado desempenho.

A dicotomia cliente/servidor também permite uma classificação. Alguns agentes podem ser descarregados e instalados no disco rígido do utilizador. Outros, por outro lado, funcionam a partir do servidor do proprietário do agente, em modo cliente-servidor.

Os utilizadores da Internet ligam-se e utilizam os serviços da tecnologia que lhes é disponibilizada gratuitamente. A vantagem dos agentes do lado do cliente é que podem ser configurados mais extensivamente do que os agentes localizados num servidor remoto. O último modo de classificação descreve as utilizações previstas pelos editores de software: as tarefas executadas pelo agente.

Os agentes *de compras* facilitam a procura do melhor preço para um determinado produto. Não são necessariamente apreciados pelos proprietários dos sítios Web de venda a retalho e a sua entrada num sítio pode ser proibida. A concorrência pura e perfeita na Internet não é universalmente aceite. Este tipo de tecnologia está a ser progressivamente incorporado nos sítios dos motores de busca e dos portais.

Os chatterbots são capazes de conversar com um utilizador.

O primeiro deste género, Eliza, agia como um psicanalista que fazia perguntas ao seu paciente para o fazer falar. Desde então, *os chatterbots* foram concebidos para introduzir uma forma de diálogo e de interatividade em certos sítios Web comerciais. O bot pode responder a perguntas feitas pelo utilizador da Internet sobre um produto ou serviço, ou enviar fichas técnicas com base em palavras-chave identificadas na declaração do visitante.

Os agentes *de classificados* examinam as ofertas de produtos em bases de dados de acordo com o tema ou domínio especificado pelo utilizador da Internet. Enviam os resultados por correio eletrónico. Os agentes *de anúncios* lembram os utilizadores de eventos ou compromissos importantes. Este tipo de agente pode ser instalado online ou no disco rígido de um PC.

Existem outros tipos, alguns especializados em livros (*agentes de livros*) que procuram novas publicações de acordo com as preferências dos utilizadores. Os agentes *de monitorização da informação comercial* filtram notícias, publicações e relatórios comerciais colocados na Internet pelas empresas. Os agentes *de serviços financeiros* fornecem informações financeiras com base na carteira pessoal do utilizador. Por último, *os agentes de emprego* pesquisam os perfis de potenciais candidatos a emprego com base nos currículos publicados em linha.

De todas estas descrições emerge um padrão de utilização: o utilizador delega uma tarefa específica e recebe os resultados da operação automaticamente, sem ter de repetir o pedido.

A maioria destes agentes foi inventada em resposta a uma procura económica. Correspondem às necessidades dos consumidores ou das empresas previstas pelos criadores e editores de software.

Alguns deles são oferecidos gratuitamente e o custo do seu desenvolvimento é suportado por métodos de financiamento como as parcerias com sítios comerciais e a publicidade, mas, por enquanto, são frequentemente baseados em assinaturas. Estes agentes podem ser facilmente integrados em sistemas globais de pesquisa de informação, como os portais. Além disso, os utilizadores informáticos podem construir os seus próprios agentes utilizando a "api" (*interface de programação de aplicações*) oferecida por estes últimos.

Então, como é que se define simplesmente um agente inteligente? É um programa que executa uma tarefa por iniciativa do utilizador. É autónomo e pode automatizar as suas tarefas. Actua por delegação.

O termo refere-se mais frequentemente a um programa de recuperação de informação, se olharmos para as definições na Web. Eis algumas definições dadas pelo Google (*code define: intelligent agent*) que confirmam o nosso ponto de vista:

- Em informática, um agente é o equivalente a um robot de software. [2]É um programa que executa tarefas à maneira de um autómato e de acordo com o que o[s] seu[s] autor(es) lhe(s) pediu(aram) para fazer.

---

[2] http://www. wikipedia.org/wiki/Agent_intelligent

· [3]Elemento de software (programa) capaz de realizar determinadas tarefas de forma permanente (monitorização da rede, pesquisa documental, etc.) e que só entra em ação quando necessário (pedido de intervenção, fim da pesquisa, etc.).
...

· [4]Software concebido para facilitar a pesquisa e a gestão de informações na Internet. Tem os seus próprios atributos e actua para realizar um determinado número de tarefas para outro agente de software ou para um ...

· (n.) Um objeto num servidor que executa vários pedidos (HTTP, NNTP, SMTP e FTP) em nome do utilizador. [5]De certa forma, o agente inteligente actua como um cliente para o servidor, fazendo pedidos preenchidos pelo servidor.

[3] http://www. revuesim.free.fr/index.php

[4] http://www. aeris.11vm serv.net/cours/util_outils/glos.html

[5] http://www. docs.sun.com/app/docs/doc/819-4628/6n6p2pm93

CAPÍTULO III. CONCEITOS BÁSICOS DOS SISTEMAS PERICIAIS

III.1. O que é um sistema pericial?

Os sistemas periciais (ES) são sistemas informáticos equipados para se comportarem como peritos humanos. Devem possuir as competências dos peritos humanos num domínio específico e utilizá-las quando solicitadas. O que faz de um sistema um sistema perito? Responderemos a esta pergunta apresentando o nascimento, a história e a arquitetura geral destes sistemas.

III.2. Um pouco de história:

O programa DENDRAL teve início no final da década de 1960 na Universidade de Stanford, sob a direção de B. Buchanan, com E. Feigenbaun e o químico vencedor do Prémio Nobel J. Leberg. Leberg. Este programa determina a estrutura de uma molécula a partir do espetro de massa estabelecido por um espectograma de massa.

As formas que um composto molecular pode assumir foram introduzidas por Ledeberg, são numerosas e susceptíveis de serem constantemente enriquecidas com o aparecimento de novos compostos. Foi por isso que, com base nas ideias de Newell e Simon e de jovens investigadores de Stanford (incluindo D. Waterman), E. Feigenbaum teve a ideia de separar o raciocínio e o conhecimento de Ledeberg do resto da maquinaria informática: nasceu o primeiro sistema pericial. Reconhecemos nele a arquitetura particular dos sistemas baseados no conhecimento. Foi o primeiro programa qual um não informático, o primeiro "perito", contribuiu com conhecimentos identificados e valorizados como tal.

O sucesso do DENDRAL conduziu, nos anos 1975-80, aos sistemas periciais. O primeiro e mais conhecido sistema desta época foi o MYCIN, concebido na Universidade de Stanford por Shortliffe. Tratava-se de um sistema pericial para diagnóstico médico. Foi o primeiro a ter em conta o conhecimento incerto. Em breve será seguido pelo PROSPECTOR (Duda e Hart, Nilsson e toda uma equipa do SRI). O sucesso do MYCIN, que funciona tão bem como os peritos, quando os peritos estão de acordo, e o sucesso mediático do PROSPECTOR, deveriam ter conduzido a uma certa loucura.

As diferentes partes um sistema pericial:

O coração de um sistema de IA é composto por três partes:

1. **Uma base de conhecimentos** na qual **todos os conhecimentos** necessários

para resolver o problema a abordar **num determinado domínio** são armazenados de forma adequada.

2. **Um mecanismo de funcionamento (motor de inferência),** que é um conjunto de programas capazes de **traduzir o raciocínio humano** (heurística, progressão por etapas para a frente e para trás, decomposição em subconjuntos, etc.). Estes programas utilizam os conhecimentos armazenados na base de conhecimentos para resolver o problema colocado pelo utilizador, fornecendo hipóteses de partida.
3. **Uma base de dados dos factos do** problema a resolver, que é, de facto, uma memória de trabalho na qual serão armazenadas as **hipóteses iniciais** e à qual acrescentados **novos factos** à medida que o mecanismo operacional progride.

Um sistema de I.A. deve ter duas outras partes, que são, de facto, módulos de interface com o mundo exterior:

4. **Um módulo de interação com os potenciais utilizadores**: esta interface de diálogo deve ser tão convivial quanto possível. Este módulo está ligado ao mecanismo de funcionamento.
5. **Um módulo de apoio à aquisição de conhecimentos**, que é sobretudo uma interface de diálogo entre a base de conhecimentos e os peritos no domínio que têm de contribuir para ela.

Em termos gerais, um sistema pericial é uma ferramenta capaz reproduzir os mecanismos cognitivos de um perito num determinado domínio. Este é um dos caminhos que conduzem à inteligência artificial.

Mais especificamente, um sistema pericial **é um software** capaz de responder a perguntas através do raciocínio com base em factos e regras conhecidos. Pode ser utilizado, nomeadamente, como um instrumento de tomada de decisões.

Um sistema pericial é composto por 3 partes:

✓ **Uma base de factos (base de conhecimentos)** é uma coleção de conhecimentos (fornecidos por um perito humano) representada por regras,

✓ **Uma base de regras (domínio do conhecimento)** é o conjunto de conhecimentos do especialista que lhe permite resolver problemas específicos e

✓ **Um motor de inferência (mecanismo de inferência)** é um mecanismo que permite ao sistema pericial raciocinar e tirar conclusões.

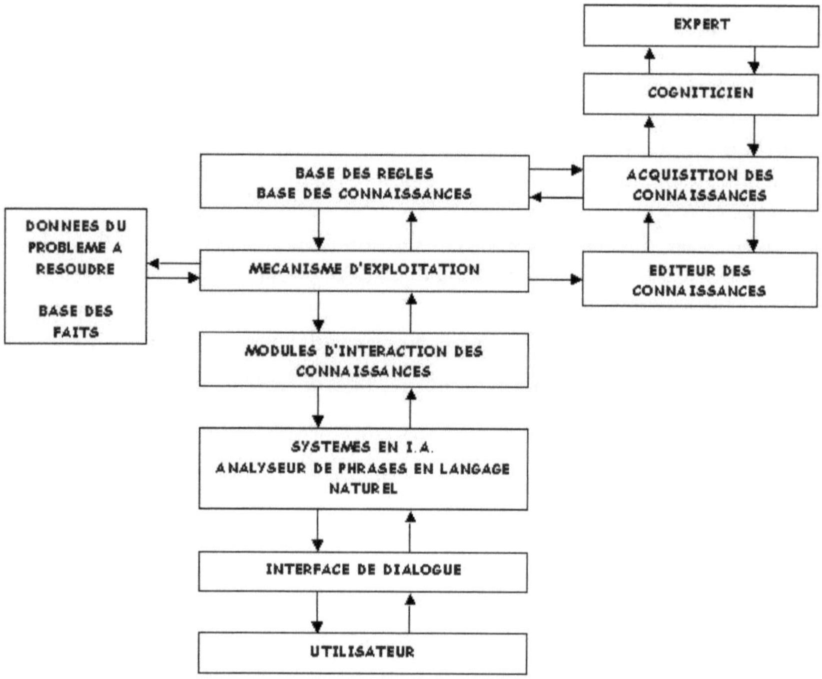

ARCHITECTURE GENERALE D'UN SYSTEME EXPERT

Uma base de conhecimentos é completamente **independente do mecanismo de exploração dos conhecimentos**. O perito pode acrescentar, modificar ou eliminar conhecimentos sem ter de se preocupar com o mecanismo de exploração.

O mecanismo de exploração da base de conhecimentos :

A base de conhecimentos explorará a base de factos para encontrar a(s) solução(ões) (caso contrário, falhará). O sistema tenta **simular o raciocínio humano** utilizando determinados conceitos:

- Heurísticas (por oposição a algoritmos).
- Decompor um problema em subproblemas.
- Progressão para a frente e para trás.
- Progressão para a solução através de uma progressão diferentes etapas sucessivas.

O raciocínio pode ser certo: conhecimento é ponderado.

O raciocínio pode ser incerto: a cada conhecimento está associado um coeficiente de plausibilidade (ou probabilidade), o que permite utilizar a chamada lógica difusa ou incerta, na qual existe um contínuo de possibilidades que vão do verdadeiro ao falso (ou de zero a um).

A base de conhecimentos: um conjunto de conhecimentos (fornecidos por um perito humano) representados por regras

Tipos de conhecimentos

Conhecimento explícito: o que posso exprimir

O conhecimento explícito [Smith, 2001; Dienes et al., 1991] é o conjunto de conhecimentos que um indivíduo pode conscientemente memorizar e recuperar, e depois exprimir através da linguagem. É frequentemente aprendido verbalmente. Estão associados à memória explícita (Figura A), que diz respeito a todos os acontecimentos biográficos (memória episódica) e à memória de conceitos e objectos (memória semântica) [Squire, 1992; Squire e Zola, 1996].

Este conhecimento, que pode ser formalizado e transmitido, pode ser expresso pelo indivíduo e pode, portanto, ser armazenado num formato externo (documento, relatórios, etc.). É considerado facilmente extraível [Nonaka e Takeuchi, 1995] porque pode ser facilmente verbalizado.

Conhecimento implícito: o que eu sei fazer

O conhecimento implícito não pode ser expresso e é o conhecimento de que o indivíduo não tem consciência [Schacter, 1987]. Está ligado à memória implícita. A aprendizagem destes conhecimentos é implícita: é através da imitação, da prática, da vida e da experiência que o indivíduo adquire este tipo de conhecimentos. Inclui os conhecimentos processuais (ligados, por exemplo, à motricidade, como andar de bicicleta), a memória perceptiva (memória das formas, das cores, dos cheiros e dos sons), os reflexos e as aprendizagens não associativas, como a habituação e a tomada de consciência [Squire, 1992; Squire e Zola, 1996]. Este conhecimento é importante porque está associado à experiência de uma e tem um impacto direto no raciocínio. Dienes e Berry [1997] apresentam o conhecimento implícito como inflexível, inacessível e ligado à natureza da informação (ou seja, às caraterísticas do material) utilizada durante a aprendizagem.

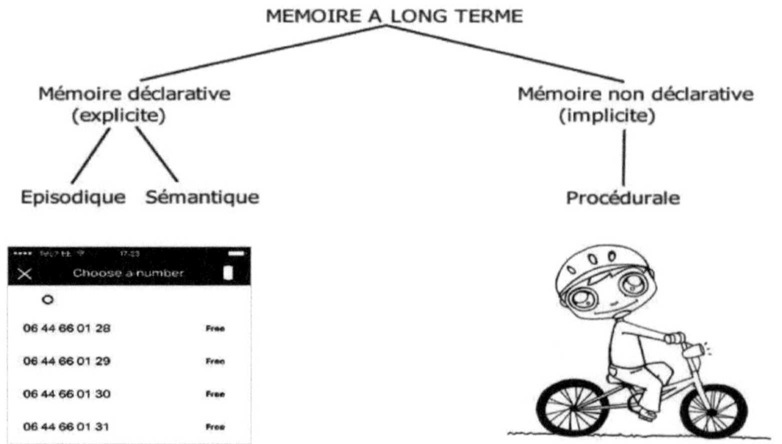

Figura A - Diferentes tipos de memória de . Imagem adaptada de Squire [1992]

A compreensão deste tipo de conhecimento, bem como a sua aquisição e extração, foi e continua a ser objeto de numerosos estudos. Em particular, este conhecimento implícito apresenta um paradoxo: é simultaneamente o mais procurado (ligado ao indivíduo, contém mais informações do que dados [Malhotra, 2000; Crié, 2003]), mas é também o menos acessível.

Mas quando se trata de partilhar conhecimentos com os outros, especialmente conhecimentos especializados, know-how e experiência num determinado domínio, são todos os conhecimentos implícitos e explícitos que precisam de ser partilhados.

Nas empresas, por exemplo, a partilha e a transmissão de conhecimentos constituem uma verdadeira prioridade estratégica. A extração de conhecimentos especializados, ou seja, de competências especializadas e avançadas num domínio, é tanto mais complexa quanto várias etapas na aquisição dessas competências, em função das quais os peritos podem ou não verbalizar os seus conhecimentos [Hoffman, 2014].

Isto deve-se ao facto de o nosso cérebro transformar os conhecimentos que adquirimos à medida que as nossas competências aumentam. Conduz hoje como quando tirou a carta de condução? Muito provavelmente não!

O que recordar

Existem dois tipos de conhecimento: o conhecimento explícito, que pode ser adquirido através de um esforço consciente para o aprender (definições, novos conceitos, números de telefone, regras de conduta, etc.) e o conhecimento implícito, que é aprendido sem o nosso conhecimento, através da repetição, imitação e experiência. Estes dois tipos de conhecimento são importantes para um indivíduo porque é a combinação dos dois que forma o indivíduo que somos. Ler, compreender e aprender todo o Código da Estrada não substitui a experiência real de condução, porque é através da experiência que desenvolvemos muitos dos nossos reflexos. No entanto, é a combinação dos dois que faz de nós bons condutores.

Se os meios de aquisição de conhecimentos explícitos parecem claros (leitura, transmissão verbal e aprendizagem mecânica), como é que adquirimos conhecimentos implícitos? Como é que a experiência se transforma em conhecimento implícito?

Uma descrição dos objectos que constituem o contexto do domínio do sistema de I.A., sob diversas formas:

- Descrição-classificação :

"O canário é um pássaro.

- Descrição-estrutura :

"O para-brisas é uma parte da carroçaria de um automóvel, camião ou autocarro.

- Descrição-definição :

"Uma cadeira é uma peça de mobiliário com 4 pernas, 1 encosto e 1 assento.

Conhecimento operacional dos objectos acima descritos:

- Leis e teoremas: "A velocidade é dada pela distância percorrida dividida pelo tempo necessário para a percorrer".
- Regras de especialização: "se um pássaro é jovem, é um canário".
- Estratégias: "se o golfe, então, olhar para os desportos individuais".

Representação do conhecimento em I.A. :

- **Sob a forma de regras de produção (ou lógica proposicional) : SE... ENTÃO...**

se João é um homem**, então** João é mortal.

- **Na lógica de primeira ordem ordem ou o cálculo de predicados :**

Homem(s) **e depois** mortal(is).

- **Sob a forma de redes semânticas :**

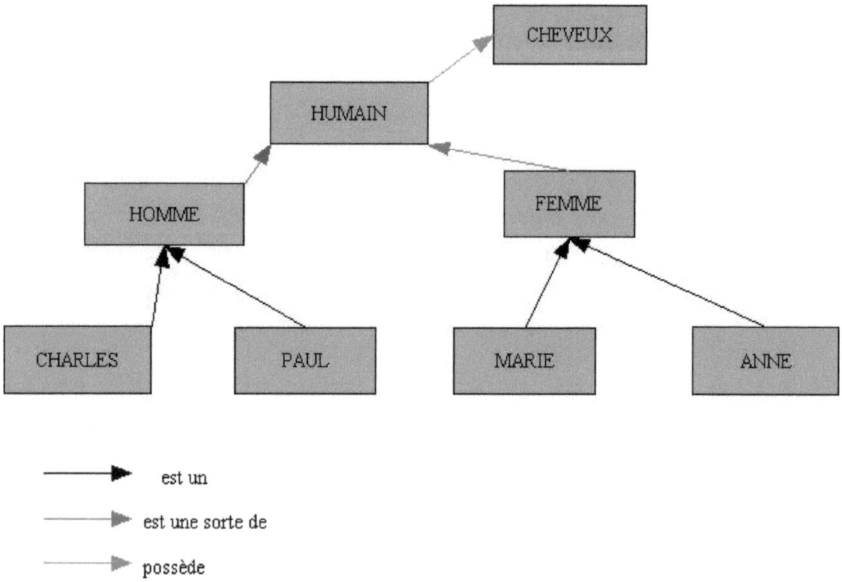

- **Em formulário objeto, quadro, esquemas** A maioria dos sistemas periciais utiliza uma representação do conhecimento à regras de regras de produção

N.B.: Alguns S.E. combinam vários formalismos. A representação do conhecimento está ligada ao tema tratado.

- **Lógica proposicional ou de primeira ordem** para a demonstração automática de teoremas matemáticos.
- **Redes semânticas** para análise de linguagem natural e tradução automática.
- **Regras de produção** para a descrição um domínio circunscrito perfeitamente conhecido por um perito.
- **etc...**

É na base de conhecimentos que armazenaremos os que nos permitirão, por exemplo, :

- para jogar xadrez,
- traduzir de francês para inglês e vice-versa,

- reconhecer os perfis de aviões, barcos...,
- resolver problemas matemáticos.

A base factual do problema a resolver :

A base de factos, também conhecida como memória de trabalho, contém as hipóteses iniciais, ou seja, os dados específicos do problema a resolver.

- As hipóteses matemáticas de um problema a .
- Os factores que levam à descoberta de uma doença.
- etc...

Estes pressupostos podem ser formalizados de forma diferente consoante o sistema.

Exemplo 1.1:

Sistema pericial **SPHINX.**

FACTOS: (40° de febre, borbulhas, perda de peso).

Exemplo 1.2:

Sistema pericial **EXPERT.**

FACTOS: (ANIMAL tem penas), (ANIMAL voa)

A base de factos será progressivamente enriquecida a pedido do sistema pericial para que este possa avançar para a solução. Por exemplo, com os factos iniciais exemplo 2, o sistema pericial encontra o facto de o ANIMAL ser uma ave. A base de factos conterá: (ANIMAL tem penas), (ANIMAL voa), (ANIMAL é uma ave).

Esta base de dados pode funcionar como uma memória auxiliar, armazenando todos os resultados intermédios. Permitem manter um registo do raciocínio efectuado pelo sistema. Podem explicar a origem dos conhecimentos deduzidos pelo sistema pericial.

Factos, regras e raciocínios:

Assumimos que o raciocínio é formalizado em regras de produção. Uma regra tem a forma :

IF Condição_1 e Condição_2 e Condição_3 ... e Condição_n **ENTÃO** Acção_1 e Acção_2 e Acção_3 ... e Acção_p.

Exemplo 1.3:
Se o animal põe ovos e voa**, então** o animal é uma ave.

O lado esquerdo é uma premissa. O lado direito é uma conclusão. Uma regra deste tipo é também designada por inferência. A parte da esquerda exprime condições. Se todas as condições forem satisfeitas, a outra parte torna-se verdadeira.

==Conjunto de regras **a base de regras a base de conhecimentos,**
=Conjunto de factos **a base dos factos.**

Como é que um sistema pericial funciona na prática?

Exemplo 1.4: Sistema pericial ANIMALS

Base das regras "ANIMAIS" :	**Base de dados "ANIMAIS":**
• **R1** **SE** o animal for ave e o animal pesa menos de 10 gr **ENTÃO** o animal é um colibri. • **R2** **SE** o animal voa e o animal deita alguns ovos **ENTÃO** o animal é uma ave	• Moscas animais • O peso do animal é inferior a 10 g • O animal põe ovos

O mecanismo operacional ou motor de inferência pega numa regra e procura na base de dados para ver se os factos armazenados tornam a premissa da regra verdadeira.

Vejamos a primeira regra **R1**: uma das condições não é satisfeita. Não sabemos se o animal é uma ave. Este facto não está na base de dados. A regra seguinte **é** **R2**: as condições são verdadeiras. base de factos contém as duas condições: o animal voa e o animal põe ovos. A regra é executada. Um facto adicional é adicionado à base de factos: "o animal é um pássaro".

Nova base de factos "ANIMAIS :
• Moscas animais • O peso do animal é inferior a 10 g • O animal põe ovos • O animal é uma ave

Agora vamos desenhar a regra **R1** novamente: as condições são verdadeiras, a regra é executada. É adicionado um novo facto à base de dados: "o animal é um beija-flor".

Exemplo 1.5: Sistema pericial CITY

a base de regras "cidade":	com base em factos "citadinos":
• **R1 : Tão** bonito cidade e muito bons restaurantes **depois** a cidade das viagens. • **R2 Se** a cidade histórico **por isso** vale bem a pena a viagem. • **R3:** População local amistosa e tradições tradições **por isso** vale bem a pena a viagem. • **R4: Se** monumentos e vegetação abundante uma cidade **tão** bonita. • **R5 Se** a tradição restaurantes **tão** bons. • **R6 Se** os restaurantes 3 estrelas restaurantes muito bons. • **R7 Se** restaurantes 3 toques restaurantes muito bons. • **R8: Se** os museus e a cidade velha **depois** cidade histórica. • **R9 : Se** a Provença e a beira-mar **e depois** acolher os nativos.	• Parques verdes • Avenidas largas • monumentos • 3 restaurantes toques • cidade antiga
• **R10 Se** os parques verdes e avenidas largas **depois** uma vegetação abundante.	

Exemplo 1.6: Sistema pericial ABC

Considere a seguinte base de conhecimentos:

Base de dados inicial :

{H,K}

Base das regras :

- **R1 :** A --> E
- **R2:** B --> D
- **R3:** H --> A
- **R4:** E e G --> C
- **R5:** E e K --> B
- **R6:** D e E e K --> C
- **R7:** G e K e F --> A

A regra A regra **R1** significa SE A ENTÃO E ("De A podemos deduzir E")

O demonstrador de teoremas propõe induzir novos factos a partir da base de conhecimentos e da regra ***modus ponens***, ou seja, a regra: **"Se p é verdadeiro e se p --> q então q é verdadeiro"**.

São então possíveis duas estratégias gerais de demonstração:

Encadeamento para a frente: partimos da base de factos inicial; accionamos todas as regras cujas premissas são satisfeitas; acrescentamos os factos assim obtidos; continuamos até estarmos "saturados".

exemplo anterior, obtemos a seguinte cadeia de derivação:

- = H --> A (R3) e a base de facto B {A,H,K}
- = A --> E (R1) e B {A,E,H,K}
- E e K --> B (R5) e B = {A,B,E,H,K}
- = B --> D (R2) e B {A,B,D,E,H,K}
- D e E e K --> C (R6) e B = {A,B,C,D,E,H,K}

Encadeamento para trás: suponhamos que estamos a tentar mostrar se o facto D é verdadeiro; esse é o objetivo. Analisamos todas as regras que têm o objetivo nas suas consequências. Cada uma destas regras é considerada: se todas as suas premissas forem satisfeitas na base de dados inicial, o objetivo é alcançado; caso contrário, as premissas desconhecidas são registadas como novos objectivos e o ciclo é repetido para cada uma delas.

No exemplo anterior :

- Considere a regra (R2) e defina B como o novo objetivo.
- Consideramos então a regra (R5) e definimos E como o novo objetivo
(uma vez que K está na base de dados).
- Consideremos as regras (R3) e (R7). (R3) permite-nos concluir.

Exemplo 1.7:

No domínio da botânica, considere a seguinte **base de regras**:

1. **Se** flor **e** semente, **então** fanerograma
2. **Se** fanerogramas **e** sementes nuas, **então** abeto
3. **Se** fanerogramina **e** 1 cotilédone, **então** monocotilédone
4. **Se** fanerogramina **e** 2 cotilédones, **então** dicotiledóneas
5. **Se for** monocotiledónea **e** rizoma, **então** tordo
6. **Se for** dicotiledónea, **então** anémona
7. **Se for** monocotiledónea **e não for** rizoma, **então** lilás
8. **Se** folha **e** flor, **então** criptógama
9. **Se for** criptógama **e não** raiz, **então** musgo
10. **Se** criptógama **e** raiz, feto
11. **Se não são** folhas **e** plantas, **então** são talófitos
12. **Se** talófito **e** clorofila, **então** algas
13. **Se** talófito **e não** clorofila, **então** fungo
14. **Se não for** folha, **nem** flor, **nem** planta, **então** colibacillus

Assim, 1. significa que "se a planta tem uma flor e uma semente, então a planta é um fanerograma". O problema consiste então em determinar uma planta com as seguintes caraterísticas:
{rhizoma, flor, semente, 1 cotilédone}.

Esta será **a base inicial dos factos.**

O encadeamento progressivo dá a seguinte cadeia de derivação:

- 1. --> fanerograma
- 3. --> monocotiledóneas
- 5. --> lírio do vale

Daí a solução **"tordo"**, uma vez que as outras regras não se aplicam.

Como criar e manter a base de conhecimentos :

Uma vez efectuada a escolha da representação para uma determinada base de conhecimentos, esta deve ser preenchida e depois mantida: é este o papel do módulo de aquisição de dados. A base de dados deve ser fácil de manipular e alargar para acrescentar, modificar ou apagar os conhecimentos armazenados graças ao seu simbolismo de representação.

Consoante o sistema, os novos conhecimentos são adquiridos através de :

- Engenheiros cognitivos.

- O perito.
- O próprio sistema, graças ao seu sistema operativo...
- Aprendizagem automática.
- Aquisição automática, nomeadamente para os contadores físicos.
-

Exercícios :

Exercício 1:

A partir da base de regras "cidade" e da base de factos associada, fazemos as seguintes deduções:

Base de dados inicial

- Parques verdes
- Avenidas largas
- monumentos
- restaurantes 3 toques
- cidade antiga

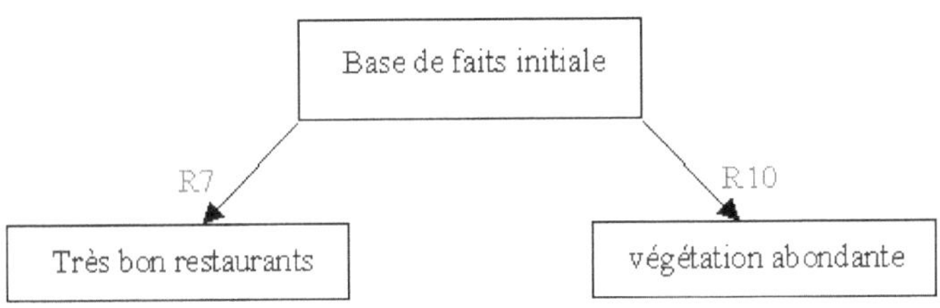

Base de dados inicial

- Parques verdes
- Avenidas largas
- monumentos
- restaurantes 3 toques
- cidade antiga
- muito bons restaurantes
- vegetação abundante

Complete a base de dados fazendo as seguintes deduções.

Exercício 2:

Utilizando a base de regras "cidade" e a base de factos associada, queremos verificar se vale a pena viajar para a cidade. Constrói a solução sob a forma de um gráfico.

CAPÍTULO IV. PROGRAMAÇÃO EM INTELIGÊNCIA ARTIFICIAL

As linguagens informáticas são utilizadas para descrever todas as informações e acções consecutivas que um computador deve executar. A linguagem utilizada pelo processador é a linguagem de máquina, também conhecida como linguagem binária. No entanto, a linguagem de máquina não é facilmente compreendida pelos seres humanos, pelo que é necessário utilizar uma linguagem intermédia (assembler), que é depois transformada em linguagem de máquina para ser utilizada pelo processador. A linguagem de montagem foi, portanto, a primeira linguagem informática a ser utilizada. No entanto, depende do tipo de processador e não é portátil. As linguagens informáticas têm várias vantagens:

São mais fáceis de compreender do que a linguagem de máquina.

Permitem uma maior probabilidade. As linguagens informáticas dividem-se geralmente em três categorias:

- ✓ Línguas interpretadas.
- ✓ Linguagens compiladas.
- ✓ Línguas intermédias.

Língua interpretada

Um programa escrito numa linguagem interpretada necessita de um auxiliar (interpretador) para traduzir as instruções do programa à medida que este avança, por exemplo, MathLab, SciLab, Prolog, que utilizaremos como caso de estudo, etc.

Língua compilada

Um programa escrito numa linguagem compilada será traduzido de uma vez por todas por um programa adicional (compilador), a fim de gerar um novo ficheiro autónomo.

As vantagens de uma linguagem compilada são:

É uma linguagem autónoma porque não necessita de um programa adicional para funcionar. Além disso, como a tradução é feita de uma vez por todas, a sua execução é mais rápida.

Garante a segurança do código-fonte, por exemplo, Pascal, C, C++, Fortan, etc.

Língua intermédia

Trata-se de linguagens que pertencem às duas primeiras categorias, por exemplo, Java, Python, etc.

Um programa é uma série de instruções que podem ser executadas pelo computador. Em geral, um programa é um ficheiro de texto simples (escrito num editor de texto), chamado ficheiro fonte.

Um ficheiro fonte contém linhas de código de programa denominadas código fonte. Uma vez concluído, o ficheiro fonte deve ser compilado (traduzido em código executável). A compilação tem lugar em duas fases:

O compilador transforma o código fonte em código objeto (traduz o ficheiro para linguagem de máquina) e guarda-o num ficheiro objeto.

O compilador utiliza então um ligador ou aglutinador para integrar no ficheiro final todos os elementos adicionais (funções ou bibliotecas) referidos no programa.

Uma vez editada a ligação, é criado um ficheiro executável que contém tudo o que o programa necessita para funcionar de forma independente. O ficheiro criado desta forma tem uma extensão **.exe** (ficheiro executável).

IV.1. As 5 linguagens de programação inteligência artificial

Que linguagens de programação são utilizadas pelos profissionais da inteligência artificial?

Eis as 5 línguas mais utilizadas.

IV.1.1. Python

Python é o programa preferido de todos os programadores de IA, mas já se perguntou por que razão tem um lugar especial na IA e na aprendizagem automática?

Bem, vem com um grande número de bibliotecas incorporadas. Para algumas línguas, é preciso aprender primeiro a língua. No entanto, este não é o caso do Python.

As noções básicas de Python

Para cada projeto de IA, pode escolher as bibliotecas mais adequadas ao seu projeto (SciPy, NumPy, Pybrain, etc.).

Existe uma grande comunidade de código aberto

Como Python envolve um grande número de algoritmos, será mais fácil testar e escrever código simples

Python é independente de plataforma

IV.1.2. Língua R

R é uma linguagem de programação popular para análise estatística, ou seja, Big Data. Costumava ser a linguagem de programação de eleição para os analistas de dados. No entanto, o R teve um enorme impacto na IA nos últimos anos, à medida que a ciência dos dados e a IA convergiram.

O essencial sobre o R

É perfeitamente adequado para a modelação de IA. Para efeitos de visualização, o R é o mais poderoso. O R tem uma enorme comunidade e apoiantes

Algumas das maiores empresas, como a Google, utilizam o R para modelação, visualização e análise de dados.

IV.1.3. Linguagem Java

Java é considerada uma das melhores linguagens para projectos de IA. O essencial sobre Java

Por exemplo, se considerarmos a programação de IA em Java, esta é geralmente utilizada para criar modelos de aprendizagem automática, programação genética, sistemas multi-robot, etc.

O facto de Java ser orientado para objectos e altamente escalável é uma combinação perfeita para projectos de grande escala.

IV.1.4. Linguagem Prolog

Diz-se que pode aumentar o desempenho dos seus chatbots utilizando o Prolog. Esta é uma linguagem de programação lógica utilizada especificamente para efetuar o processamento de linguagem natural. Já ouviste falar da Eliza? É um dos chatbots que foram escritos e foi assim que surgiu o Prolog.

Noções básicas de Prolog Destaques:

- ✓ Retrocesso automático,
- ✓ Correspondência de padrões
- ✓ Estruturação de dados forma de árvore.

IV.1.5. Linguagem Lisp

Utilizada por engenheiros que procuram alargar os seus horizontes no domínio da IA, a Lisp é uma linguagem muito menos difundida.

Inventado por John McCarthy (o pai da IA em 1958), o Lisp é considerado uma das linguagens mais antigas utilizadas para o desenvolvimento da IA.

Noções básicas de Lisp

Excelentes capacidades de criação de protótipos Recolha automática de resíduos

Criação dinâmica de objectos mais recentes

O ciclo de desenvolvimento permite a avaliação interactiva de expressões e a recompilação de funções, mesmo quando o programa ainda está em execução. Com os progressos realizados nos últimos anos, muitas das caraterísticas do Lisp foram migradas para outras linguagens, o que afectou a singularidade do Lisp.

IV.2. Como é que os algoritmos se tornam inteligentes?

À medida que os algoritmos desempenham um papel cada vez mais importante na nossa vida quotidiana, a questão de os dotar de uma consciência está a emergir no debate. Como é que estas inteligências artificiais se inspiram nos seres humanos? Como funciona a IA atualmente e para onde se dirige? Mas sobretudo: como é que este efeito de espelho beneficia o ser humano? Estas são apenas algumas das questões para as quais cientistas de todos os quadrantes contribuíram com respostas.

[6]**Aldous Huxley** disse que "*há três tipos de inteligência: a inteligência humana, a inteligência animal e a inteligência militar*". Não estará a faltar um? Em 1956, na conferência de Dartmouth, o termo
termo "*inteligência artificial*" foi utilizado pela primeira vez. "*O congresso] criou uma nova disciplina e indicou algumas pistas, como as redes neuronais, a aprendizagem automática e o estudo da criatividade, sobre as quais a investigação se concentrou posteriormente*", explica Jean-Gabriel Ganascia, investigador em inteligência artificial e presidente do comité de ética do CNRS, em entrevista ao Les Echos.

Desde então, os investigadores têm trabalhado para injetar noções de inteligência humana nas máquinas. Mas o que é exatamente a inteligência humana? Está localizada no cérebro e está associada às capacidades mentais e cognitivas necessárias para resolver um problema ou para se adaptar ao ambiente. Emocional, prática, económica... a inteligência tem muitas facetas, o que torna a sua definição complexa e controversa. Varia com os tempos, com os pensadores e com as descobertas sobre o seu funcionamento - que continua a ser altamente misterioso, ainda hoje.

IV.2.1. Pensar ou imitar, eis a questão

Já em 1950, Alan Turing, cujo trabalho lançou as bases científicas da ciência da computação, reorientou o debate inteligência artificial com a famosa
"No seu livro *Computing Machinery and Intelligence*. Ele sugere substituir a pergunta "*As máquinas podem pensar*? por
"*Podem as máquinas imitar a inteligência humana*? Para medir isso, Turing propôs testar a capacidade das máquinas de imitar a conversação humana através de perguntas e respostas escritas. Se o interlocutor humano não for capaz de distinguir se está a falar com um computador ou com outro humano, o

[6] Um grande romancista e filósofo britânico

software passou no teste.

Por outras palavras, atualmente, o software de IA passa no teste de Turing com distinção. Desde 1994, nenhum ser humano conseguiu vencer o programa canadiano Chinook nas damas inglesas, e o Libratus ganhou 1,76 milhões de dólares ao depenar jogadores profissionais de póquer em 2017. Estes avanços não se limitam aos jogos de azar. Em 2012, a IA da Google foi capaz de reconhecer um gato depois de ver vídeos no YouTube. Em 2016, programa Watson da IBM diagnosticou uma leucemia rara num doente japonês em apenas dez minutos. Como é que os algoritmos se tornaram tão *inteligentes*?

IV.2.2. Algoritmos a caminho da escola

A programação da inteligência artificial tem evoluído com os avanços da informática e as descobertas da neurociência. *A aprendizagem profunda* é a tecnologia *de aprendizagem automática* mais promissora. Utiliza uma arquitetura de neurónios artificiais interligados inspirada no cérebro. Esta rede é capaz de processar grandes quantidades informação e aprender gradualmente a partir de imagens, textos ou dados. Estas capacidades *de aprendizagem profunda* continuam a ser desenvolvidas, com uma recente mudança de paradigma a abrir perspectivas interessantes.

Em vez de continuar a programar software para realizar tarefas de acordo com cenários predefinidos, os algoritmos são agora convidados a encontrar a regra por si próprios, com base exemplo. Tal como os bebés que descobrem o mundo: bombardeados com informações sobre o seu ambiente, deduzem gradualmente regras que aplicam sem sequer se aperceberem da sua existência. Esta mudança de abordagem significa que as IA podem agora ser treinadas para realizar uma grande variedade de tarefas, com a perspetiva de uma progressão praticamente infinita das suas capacidades.

IV.2.3. A ciência sem consciência é a ruína alma?

Atualmente, os progressos dos algoritmos respondem a situações muito específicas: diagnosticar uma doença, conduzir um automóvel, recomendar uma escolha de leitura ou um itinerário, etc. O desafio de amanhã consiste em criar uma inteligência artificial capaz de interligar todas estas utilizações, o que pressupõe a comunicação e a compreensão entre as IA.

A ideia de uma super-IA levanta a questão da sua consciência. Serge Tisseron, doutor em psicologia e autor de *Le jour où mon robot m'aimera. Vers l'empathie artificielle*, propôs esta definição num seminário do BNP Paribas: "*A autoconsciência permite ao ser humano perceber-se como sujeito de uma história, com um passado e projectos. É concebível que a complexidade crescente das redes neuronais artificiais possa produzir uma forma de auto-consciência. Mas essas máquinas teriam uma experiência do mundo e de si próprias fundamentalmente diferente da nossa e ninguém sabe em que é que ela consistiria*". Esta consciência dar-lhes-ia a possibilidade de desenvolverem o seu próprio projeto de existência, mesmo que, como salienta Serge Tisseron, ainda estejamos longe de o conseguir hoje!

O próximo passo na evolução da IA poderia ser dotar os algoritmos de uma personalidade artificial, tornando-os capazes simular emoções. Estas reacções continuariam a ser totalmente artificiais e incomparáveis com a consciência dos seres vivos. Os robôs poderiam, no entanto, adquirir autonomia de decisão, continuando a evoluir num quadro definido pelo homem.

IV.2.4. Do ponto de vista do formador

A flexibilidade da inteligência artificial é extremamente benéfica quando é utilizada para apoiar a aprendizagem... desta vez, a aprendizagem humana! A integração de algoritmos no processo de ensino permite-nos adaptarmo-nos ao nível de conhecimentos, ao método de memorização, ao ritmo de aquisição de cada aluno e, sobretudo, ao funcionamento do cérebro humano. ®Os algoritmos utilizados na Ancoragem de Memória optimizam a memorização a longo prazo destes novos conhecimentos, por exemplo, utilizando a "*aprendizagem espaçada*", uma técnica de repetição que favorece a retenção a longo prazo.

IV.3. Algoritmos: o que são e o que fazem?

Na era dos grandes dados, da aprendizagem automática e da inteligência artificial, os algoritmos tornaram-se omnipresentes nas nossas vidas. Mas o que é exatamente um algoritmo? Descubra a definição do termo, os seus casos de utilização e alguns exemplos dos algoritmos mais famosos e mais utilizados.

O termo algoritmo **foi cunhado pelo matemático Mohammed Ibn Musa Al Khwarizmi** no século IX . Com ascensão da inteligência artificial, o termo é cada vez mais utilizado e juntou-se à categoria das "buzzwords".

Atualmente, os algoritmos são utilizados para encontrar o amor, para investir nas melhores acções, para prever crimes, para organizar resultados de pesquisa na Web e para milhões de outras aplicações. Os algoritmos são omnipresentes e orientam a nossa economia, a nossa sociedade e talvez até a nossa forma de pensar. **Mas o que é de facto um algoritmo?**

IV.3.1. O que é um algoritmo?

No domínio da matemática, onde o termo teve origem, um algoritmo pode ser considerado como **um conjunto ordenado e finito de operações que devem ser seguidas para resolver um problema**. Como um exemplo simples, considere uma receita. Em cada receita, um procedimento específico deve ser seguido por ordem. Os diferentes passos da receita representam as operações que compõem o algoritmo.

O objetivo de um algoritmo é resolver um problema e, portanto, produzir um resultado. Se quisermos criar um algoritmo que possa funcionar no mundo real, temos de incluir instruções que permitam que ele se adapte às diferentes situações que possa encontrar. É por isso que **os algoritmos são como gigantescas "árvores" de instruções**.

IV.3.2. A história dos algoritmos

Já agora, porque é que os algoritmos se chamam "algoritmos"? A história começa no século IX, com o **astrónomo e matemático Muhammad ibn Mūsa al-Khwarizmī**.

Este sábio persa fez importantes descobertas no domínio da ciência, da matemática e do sistema de numeração que ainda hoje utilizamos. O seu nome é **a palavra persa que designa a região onde nasceu: Khwãrezm**.

Ao longo dos séculos, a sua fama espalhou-se por todo o mundo. Fora do Médio Oriente, **o seu nome foi distorcido para se tornar "Algoritmi"**. Esta versão do seu nome foi mais tarde adaptada como um termo inglês para as receitas passo-a-passo a que chamamos "algoritmos".

IV.3.3. O que é um algoritmo informático?

Para executar qualquer tarefa, um computador precisa de um programa de computador. Para funcionar, um programa de computador tem de **dizer ao computador** exatamente o que fazer, passo a passo.

O **computador "executa" o programa**, seguindo mecanicamente cada passo para atingir o objetivo. Mas o computador também precisa que lhe digam "como" fazer o que precisa de fazer. Este é o papel do algoritmo do computador.

Os algoritmos informáticos funcionam através de **input e output**. Recebem a entrada e aplicam cada passo do algoritmo a esta informação para gerar uma saída.

Por exemplo, **um motor de pesquisa** é um algoritmo que recebe uma de pesquisa como entrada. Procura na sua base de dados os itens correspondentes às palavras da consulta e, em seguida, produz os resultados.

Os computadores não compreendem a linguagem humana, pelo que um algoritmo de computador tem de ser **traduzido em código** escrito numa linguagem de programação. Existem muitas linguagens diferentes, como Logo, Scrach, Python, R... cada uma tem as suas caraterísticas específicas e é mais adequada a um caso de utilização específico.

IV.3.4. Para que servem os algoritmos?

Os algoritmos têm inúmeros casos de utilização. No domínio da tecnologia e da informática, quando um programador cria um programa, está de facto a criar um conjunto de algoritmos. De facto, **um programa de computador é um conjunto de comandos dados à máquina**, escritos numa linguagem específica, para realizar uma série de operações específicas para obter um resultado.

Uma vez que o computador é (ainda) incapaz de compreender a linguagem humana, **o programador utiliza uma linguagem de programação**. Esta linguagem actua como uma ponte entre a linguagem humana e a linguagem que a máquina pode compreender. Utilizando esta ferramenta, o programador pode criar uma série de instruções que o computador pode "compreender".

Algoritmos: alguns exemplos bem conhecidos

Para o ajudar a compreender melhor o que é um algoritmo, vejamos **alguns exemplos muito famosos que** são vulgarmente utilizados por uma grande parte da humanidade.

O primeiro é o **PageRank do Google**. Trata-se de um conjunto de algoritmos utilizados pelo Google para determinar a importância dos documentos indexados pelo seu motor de busca na Web. Assim, quando se faz uma pesquisa no Google, é um dos elementos que determina a ordem pela qual os resultados são apresentados. O PageRank é, sem dúvida, o algoritmo mais utilizado no mundo.

Outro exemplo é a **linha do tempo do Facebook**. O conteúdo que o Facebook apresenta no seu Feed de notícias é escolhido por um conjunto de algoritmos. Estes algoritmos decidem qual o conteúdo a apresentar com base em vários parâmetros, como os seus gostos pessoais, as suas reacções a conteúdos anteriores e muito mais.

Existem também **algoritmos de negociação de alta frequência**. Estes são os algoritmos utilizados pelas principais instituições financeiras do mundo para lhes permitir colocar ordens no mercado de acordo com o lucro que esperam obter e as condições de mercado num determinado momento. Atualmente, estes algoritmos têm mais influência na economia mundial do que os operadores humanos e são responsáveis pela circulação de milhares de milhões de dólares todos os dias.

Um último exemplo é o **algoritmo Round Robin**. Trata-se de um algoritmo muito utilizado em informática, uma vez que permite aos computadores determinar quais as tarefas que devem executar em primeiro lugar. Regra geral, este algoritmo determina quanto tempo o processador irá gastar em cada tarefa em curso.

IV.3.5. Algoritmos e aprendizagem automática

Os algoritmos de aprendizagem automática são uma categoria específica de algoritmos. Em vez de receberem instruções específicas sobre a tarefa a realizar, são **capazes de "aprender" com os dados**.

Atualmente, são amplamente utilizados para criar **motores de recomendação, fazer previsões e analisar dados**. Com base nos dados que lhe são fornecidos como exemplos, o algoritmo de aprendizagem automática pode tomar melhores decisões.

Estes algoritmos são atualmente **omnipresentes na Internet**. São eles que determinam o que vê no seu feed de notícias do Facebook, os anúncios que aparecem na sua caixa de entrada do Gmail ou os filmes e séries que o Netflix recomenda.

Existe **uma grande variedade de algoritmos** utilizados na aprendizagem automática. Estes podem ser agrupados em várias categorias distintas.

No caso dos algoritmos **de aprendizagem supervisionada**, os dados de entrada são designados por dados de treino e são previamente rotulados por humanos para indicar à máquina a que correspondem.

O modelo é treinado com base nestes dados e deve ser **capaz de fazer previsões exactas**. O processo de formação continua até se atingir o nível de precisão desejado. Os exemplos incluem

algoritmos de regressão logística e a rede neural back propagation.

No caso da **aprendizagem não supervisionada**, os dados de entrada não são rotulados e não têm um resultado conhecido. O próprio modelo deve observar estruturas e tendências nos dados. Isto pode implicar, por exemplo, a redução da redundância através de um processo matemático ou a organização dos dados por semelhança.

Este tipo de aprendizagem é utilizado para problemas de agrupamento, redução da dimensionalidade ou aprendizagem de regras de associação. Os exemplos incluem **os algoritmos Apriori e K-means**.

Por último, caso da **aprendizagem semi-supervisionada**, os dados de entrada são uma mistura de exemplos etiquetados e não etiquetados. O problema a resolver é indicado, mas o modelo deve organizar os próprios dados para efetuar previsões. Este tipo de aprendizagem é utilizado para a classificação e a regressão.

Os algoritmos podem também ser agrupados **de acordo com o seu modo de funcionamento**. As grandes categorias incluem os algoritmos de regressão, os algoritmos de regularização, as árvores de decisãoos algoritmos Bayesianos e os algoritmos de agrupamento.

Existem também algoritmos de aprendizagem de regras de associação, algoritmos de redes neuronais artificiais, algoritmos de aprendizagem e algoritmos de redução de dimensão.

Estas famílias de algoritmos estão entre as mais utilizadas na Aprendizagem Automática. No entanto, existem muitas outras, e alguns algoritmos pertencem a **várias categorias ao mesmo tempo**.

IV.3.6. Algoritmos de encriptação de dados

Os algoritmos são utilizados para encriptar dados ou linhas de comunicação. Isto **protege os dados em caso de roubo** ou intrusão no sistema em que estão armazenados.

Para o conseguir, são utilizados algoritmos matemáticos. O algoritmo recebe os dados como entrada e **converte-os num outro formato** como saída. Uma vez encriptados, os dados podem parecer um texto composto por símbolos aleatórios ou mesmo uma imagem não relacionada com o conteúdo original.

IV.3.7. Algoritmos e automatização

Outro caso de utilização de algoritmos **é o software de automatização**. Este software funciona seguindo regras para completar tarefas. Por conseguinte, são constituídos por vários algoritmos.

Por exemplo, este software pode extrair todas as informações de faturação recebidas através de um e-mail e transferi-las para uma folha de cálculo. Para realizar esta tarefa, é necessário definir **uma série de regras e condições a serem seguidas: um algoritmo**.

Neste exemplo, cada correio eletrónico recebido funciona como uma entrada. Os e-mails são então **processados num processo passo-a-passo** para completar a tarefa

Por exemplo, o processo pode envolver a análise de cada correio eletrónico em busca de termos-chave. As mensagens que contêm esses termos **passam para a fase seguinte, e assim sucessivamente, de** modo a identificar e extrair os dados mais relevantes. O resultado é a informação colocada numa folha de cálculo no final do processo.

Outro exemplo: **muitos apostadores desportivos** criam algoritmos de automatização. Aqui está um exemplo do canal TipStreet no YouTube, que até explica como criar o seu próprio algoritmo.

IV.3.8. Limites e perigos dos algoritmos

Os algoritmos oferecem muitas possibilidades, mas continuam a ser simples conjuntos de instruções. **São criados por seres humanos** e, por isso, podem ter falhas.

Os programadores de computadores passam uma grande parte do seu tempo **a corrigir erros nos algoritmos**. Por causa de um simples erro, um algoritmo pode produzir resultados inexactos. Infelizmente, estes erros nem sempre são identificados a tempo.

Para além dos erros, **os algoritmos podem ser influenciados** pela perceção ou mesmo pela vontade dos seres humanos que os criam. Tomemos o exemplo de um algoritmo concebido para recrutamento. Se a pessoa que o cria considerar (erradamente) que um homem branco é sistematicamente melhor candidato do que uma mulher de cor, o algoritmo basear-se-á nessa perceção e será, portanto, tendencioso.

Este problema de parcialidade é **ainda mais perigoso** para os algoritmos de inteligência artificial. Estes algoritmos alimentam-se dos dados que lhes são fornecidos e podem, por isso, perpetuar os erros de perceção e os preconceitos do passado.

Por exemplo, sabendo que a maioria das empresas de alta tecnologia **não tem diversidade étnica**, um algoritmo de aprendizagem automática será capaz de deduzir, a partir de dados anteriores, que os candidatos com diversidade são perfis a evitar.

, este é um problema real, porque os algoritmos tendenciosos **perpetuam a discriminação**. Os sistemas de reconhecimento facial associam as pessoas de cor a criminosos e os chatbots tornam-se rapidamente racistas. Por isso, várias empresas estão a procurar soluções para eliminar os preconceitos dos algoritmos de IA...

IV.3.9. Como é que se concebem algoritmos éticos?

evitar os abusos associados aos algoritmos e à IA, é importante **adotar boas práticas éticas desde a fase de conceção**. Para o conseguir, temos de nos concentrar em vários pontos fundamentais.

Em primeiro lugar, temos de **nos perguntar para que é que o algoritmo vai ser utilizado**. A própria aplicação deve ser ética. Os algoritmos e os sistemas de IA são por vezes utilizados indevidamente por terceiros.

Muitos cientistas e programadores de aprendizagem automática estão agora **a protestar contra a utilização imoral dos seus algoritmos**. Por exemplo, os funcionários da Microsoft protestaram contra a utilização de de realidade aumentada HoloLens pelo exército dos EUA, enquanto as equipas da Google levantaram a voz contra o desenvolvimento de armas automatizadas.

É também muito importante garantir **que os dados de treino do algoritmo não são tendenciosos**. Os próprios dados devem ser éticos para que o algoritmo seja ético.

Muitos dos algoritmos de aprendizagem automática utilizados atualmente em produtos comerciais são **fortemente enviesados devido aos dados** utilizados para os treinar. Por exemplo, a Amazon decidiu deixar de utilizar a IA para efeitos de recrutamento, uma vez que o seu sistema era altamente discriminatório.

Embora a empresa tenha tentado remover os indicadores de género do sistema para evitar preconceitos, o algoritmo conseguiu detectá-los. Assim, os dados e a aprendizagem automática **reflectem e ampliam frequentemente os nossos próprios preconceitos inconscientes**. É essencial ter este facto em conta.

Para além dos dados, devem também ser tidos em conta **os "pesos" atribuídos às diferentes funções do algoritmo**. Ao otimizar as ponderações, é importante ter em conta considerações éticas.

Por último, **as caraterísticas e os elementos dos dados analisados pela IA** devem permitir um resultado ético. Devem oferecer uma representação exacta, para evitar surpresas desagradáveis mais tarde.

De um modo geral, um ponto-chave para a ética é a **diversidade nas equipas de desenvolvimento**. A falta de diversidade é um dos principais factores que contribuem para o enviesamento dos conjuntos de dados, tal como conduziu a campanhas publicitárias desajeitadas no domínio do marketing.

O que é que o futuro reserva aos algoritmos?

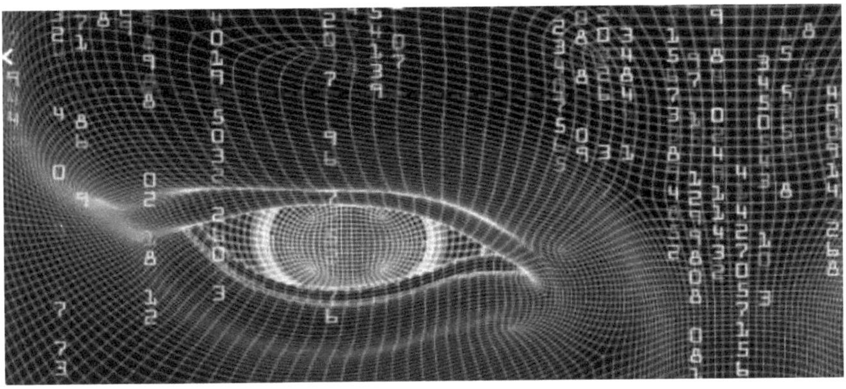

É difícil prever o futuro dos algoritmos. Por outro lado, parece certo que **o futuro pertence aos algoritmos**.

Os algoritmos estão no centro de tecnologias emergentes revolucionárias, como a inteligência artificial, a aprendizagem automática, os veículos autónomos e os assistentes virtuais. Nos próximos anos, podemos esperar o **aparecimento de novas tecnologias baseadas em algoritmos**...

CAPÍTULO V. CONCEPÇÃO DE SISTEMAS PERICIAIS (ESTUDO DE CASO DO PROLOG)

Este capítulo trata da utilização prática do Prolog para programas lógicos interactivos, partindo de problemas e factos que os alunos já dominam.

REFERÊNCIAS BIBLIOGRÁFICAS

1. **BONNET Alain, HATON Jean-Paul, TRUONG Jean-Michel**, *Système experts : vers la maîtrise technique*, InterÉditions, 1986.

2. **CARDON Alain,** *Modelação e conceção a máquina pensante, Abordagem da consciência artificial*, Vuibert, 2004.

3. **TURING Alan, GIRARD Jean-Yves**, A máquina da Máquina, Computadores e Inteligência, 1995, pp. 133-174.

4. **C.FLAMENT**, *Graph theory and social structures*, Ed. Mouton, Paris, 1968, 166 páginas.

5. **VIGNAUX Georges,** *Les sciences cognitives : une introduction*, Biblio Essais, Paris, 1994.

6. **J.-L. LAURIERE,** *Eléments de programmation dynamique*, Collection Programmation, Ed. Gauthier-Villars, Paris, 1979.

7. **CHALLONER Jack,** *L'Intelligence artificielle : Un guide d'initiation au futur de l'informatique et de la robotique,* Pearson Education, 2003.

8. **LAURIERE Jean-Louis,** *Intelligence Artificielle,* Eyrolles, 1986.

9. **ALLIOT Jean-Marc e SCHIEX Thomas**, *Intelligence artificielle et informatique théorique,* CEPADUES, 2002.

10. **DELAHAYE Jean-Paul**, *Ferramentas lógicas para a inteligência artificial,*
Eyrolles, 1987.

11. **Michel LE SEAC'H**, *développer un système expert,* publicado por éditests, 1989.

12. **CLAIRE Rémy**, *L'Intelligence artificielle,* 1994.

13. **RUSSELL STUART Jonathan e NORVIG Peter**, *Intelligence Artificielle,* Pearson Education, 2006.

14. **Chraibi Kaadoud, Ikram e Delmas, Alexandra.** 2018, *Cognição ou o que é ciência cognitiva?* Publicado no blogue de https://scilogs.fr/intelligence-mecanique,
URL: https://scilogs.fr/intelligence-mecanique/la-cognition-ou-quest-ce- que-les-sciences-cognitives/

15. **Crié, Dominique,** 2003, *De l'extraction des connaissances au knowledge management.* Revista Francesa de Gestão, (5) :59-79.

16. **Dienes, Zoltan e Berry, Dianne,** 1997, *Implicit learning: Below the subjective threshold.* Psychonomic bulletin & review, 4(1) :3-23.

2. **Dienes, Zoltan, Broadbent, Donald e Berry, Dianne C,** 1991. *O que é que o homem faz?* Journal of Experimental Psychology: Learning, Memory, and

Cognition, 17(5) :875.

3. **Dubuc, Bruno**, 2002. Memória e aprendizagem. URL
: http://lecerveau.mcgill.ca/flash/i/i_07/i_07_p/i_07_p_tra/i_07_p_tra.htm l

4. **Hoffman, Robert R,** 2014. *A psicologia da especialização: pesquisa cognitiva e IA empírica.* Psychology Press.

5. **Malhotra, Yogesh,** 2000. *Gestão do conhecimento e novas formas de organização: um quadro para a inovação do modelo empresarial.* Gestão do conhecimento e organizações virtuais, 2(1) :13-27.

6. **Nonaka, Ikujiro e Takeuchi, Hirotaka,** 1995. *The knowledge-creating company: How Japanese companies create the dynamics of innovation.* Oxford University Press.

7. **Schacter, Daniel L,** 1987. *Implicit memory: History and current status. Journal of experimental psychology* : learning, memory, and cognition, 13(3) :501.

8. **Smith, Elizabeth A**, 2001. *O papel do conhecimento tácito e explícito no local de trabalho.* Journal of knowledge Management, 5(4) :311-321.

9. **Squire, Larry R,** 1992. *Memória declarativa e não declarativa: múltiplos sistemas cerebrais de apoio à aprendizagem e à memória*. Journal of cognitive neuroscience, 4(3) :232-243.

10. **Squire, Larry R e Zola, Stuart M**, 1996. *Structure and function of declarative and nondeclarative memory systems (Estrutura e função dos sistemas de memória declarativa e não declarativa*). Actas da Academia Nacional das Ciências, 93(24) :13515-13522.

MIX
Papier aus verantwortungsvollen Quellen
Paper from responsible sources
FSC® C105338

Printed by Books on Demand GmbH, Norderstedt / Germany